I0177319

PREFACIO

La colección de guías de conversación para viajar "Todo irá bien" publicada por T&P Books está diseñada para personas que viajan al extranjero para turismo y negocios. Las guías contienen lo más importante - los elementos esenciales para una comunicación básica.Éste es un conjunto de frases imprescindibles para "sobrevivir" mientras está en el extranjero.

Esta guía de conversación le ayudará en la mayoría de los casos donde usted necesite pedir algo, conseguir direcciones, saber cuánto cuesta algo, etc. Puede también resolver situaciones difíciles de la comunicación donde los gestos no pueden ayudar.

Este libro contiene muchas frases que han sido agrupadas según los temas más relevantes.También encontrará un mini diccionario con palabras útiles - números, hora, calendario, colores…

Llévese la guía de conversación "Todo irá bien" en el camino y tendrá una insustituible compañera de viaje que le ayudará a salir de cualquier situación y le enseñará a no temer hablar con extranjeros.

TABLA DE CONTENIDOS

T&P Books Publishing

Colección de guías de conversación
"¡Todo irá bien!"

T&P Books Publishing

GUÍA DE CONVERSACIÓN
RUSO

LAS PALABRAS Y LAS FRASES MÁS ÚTILES

Esta Guía de Conversación
contiene las frases y las
preguntas más comunes
necesitadas para una
comunicación básica
con extranjeros

Andrey Taranov

T&P BOOKS

Guía de conversación + diccionario de 250 palabras

Guía de conversación Español-Ruso y mini diccionario de 250 palabras

por Andrey Taranov

La colección de guías de conversación para viajar "Todo irá bien" publicada por T&P Books está diseñada para personas que viajan al extranjero para turismo y negocios. Las guías contienen lo más importante - los elementos esenciales para una comunicación básica. Éste es un conjunto de frases imprescindibles para "sobrevivir" mientras está en el extranjero.

También encontrará un mini diccionario con 250 palabras útiles necesarias para la comunicación diaria - los nombres de los meses y de los días de la semana, medidas, miembros de la familia, y más.

Copyright © 2024 T&P Books Publishing

Todos los derechos reservados. Ninguna porción de este libro puede reproducirse o utilizarse de ninguna manera o por ningún medio; sea electrónico o mecánico, lo cual incluye la fotocopia, grabación o información almacenada y sistemas de recuperación, sin el permiso escrito de la editorial.

T&P Books Publishing
www.tpbooks.com

ISBN: 978-1-78492-618-2

Este libro está disponible en formato electrónico o de E-Book también.
Visite www.tpbooks.com o las librerías electrónicas más destacadas en la Red.

PRONUNCIACIÓN

T&P alfabeto fonético	Ejemplo ruso	Ejemplo español

Las consonantes

[b]	абрикос [abrikós]	en barco
[d]	квадрат [kvadrát]	desierto
[f]	реформа [refórma]	golf
[g]	глина [glína]	jugada
[ʒ]	массажист [masaʒīst]	adyacente
[j]	пресный [présnij]	asiento
[h], [x]	мех, Пасха [méh], [pásxa]	registro
[k]	кратер [krátɛr]	charco
[l]	лиловый [lilóvij]	lira
[m]	молоко [molɔkó]	nombre
[n]	нут, пони [nút], [póni]	número
[p]	пират [pirát]	precio
[r]	ручей [ruʧéj]	era, alfombra
[s]	суслик [súslik]	salva
[t]	тоннель [tɔnélʲ]	torre
[ʃ]	лишайник [liʃájnik]	shopping
[ʧ]	врач, речь [vráʧ], [réʧʲ]	mapache
[ts]	кузнец [kuznéts]	tsunami
[ʃ]	мощность [móʃnostʲ]	China
[v]	молитва [molítva]	travieso
[z]	дизайнер [dizájner]	desde

Símbolos adicionales

[ʲ]	дикарь [dikárʲ]	signo de palatalización
[·]	автопилот [aftɔ·pilót]	punto medio
[ˈ]	заплата [zapláta]	acento primario

T&P alfabeto fonético	**Ejemplo ruso**	**Ejemplo español**

Vocales estresadas

[á]	платье [plátje]	radio
[é]	лебедь [lébetʲ]	verano
[ǿ]	шахтёр [ʃahtǿr]	yogur
[í]	организм [ɔrganízm]	ilegal
[ó]	роспись [róspisʲ]	bordado
[ú]	инсульт [insúlʲt]	mundo
[ī]	добыча [dɔbīʧa]	abismo
[ǽ]	полиэстер [pɔliǽstɛr]	vencer
[ʲú], [jú]	салют, юг [salʲút], [júg]	lluvia
[ʲá], [já]	связь, я [svʲásʲ], [já]	ensayar

Vocales desestresadas

[a]	гравюра [gravʲúra]	vocal neutra, similar a la schwa [ə]
[e]	кенгуру [kengurú]	vocal neutra, similar a la schwa [ə]
[ə]	пожалуйста [pɔʒáləsta]	llave
[i]	рисунок [risúnɔk]	ilegal
[ɔ]	железо [ʒelézɔ]	vocal neutra, similar a la schwa [ə]
[u]	вирус [vírus]	mundo
[ɨ]	первый [pérvɨj]	abismo
[ɛ]	аэропорт [aɛrɔpórt]	mes
[ʲu], [ju]	брюнет [brʲunét]	lluvia
[ɨ], [jɨ]	заяц, язык [záɨʦ], [jɨzīk]	vocal neutra, similar a la schwa [ə]
[ʲa], [ja]	няня, копия [nʲánʲa], [kópija]	ensayar

LISTA DE ABREVIATURAS

Abreviatura en español

adj	-	adjetivo
adv	-	adverbio
anim.	-	animado
conj	-	conjunción
etc.	-	etcétera
f	-	sustantivo femenino
f pl	-	femenino plural
fam.	-	uso familiar
fem.	-	femenino
form.	-	uso formal
inanim.	-	inanimado
innum.	-	innumerable
m	-	sustantivo masculino
m pl	-	masculino plural
m, f	-	masculino, femenino
masc.	-	masculino
mat	-	matemáticas
mil.	-	militar
num.	-	numerable
p.ej.	-	por ejemplo
pl	-	plural
pron	-	pronombre
sg	-	singular
v aux	-	verbo auxiliar
vi	-	verbo intransitivo
vi, vt	-	verbo intransitivo, verbo transitivo
vr	-	verbo reflexivo
vt	-	verbo transitivo

Abreviatura en ruso

ВОЗВ	-	verbo reflexivo
Ж	-	sustantivo femenino
Ж МН	-	femenino plural
М	-	sustantivo masculino
М МН	-	masculino plural

м, ж	-	masculino, femenino
мн	-	plural
н/пх	-	verbo intransitivo, verbo transitivo
н/св	-	aspecto perfectivo/imperfectivo
нпх	-	verbo intransitivo
нсв	-	aspecto imperfectivo
пх	-	verbo transitivo
с	-	neutro
с мн	-	género neutro plural
св	-	aspecto perfectivo

T&P BOOKS

GUÍA DE CONVERSACIÓN RUSO

Esta sección contiene frases importantes que pueden resultar útiles en varias situaciones de la vida real. La Guía le ayudará a pedir direcciones, aclaración sobre precio, comprar billetes, y pedir alimentos en un restaurante

T&P Books Publishing

CONTENIDO DE LA GUÍA DE CONVERSACIÓN

Lo más imprescindible

Perdone, … | **Извините, …**
[izviníte, …]

Hola. | **Здравствуйте.**
[zdrástvujte.]

Gracias. | **Спасибо.**
[spasíbɔ.]

Sí. | **Да.**
[dá.]

No. | **Нет.**
[nét.]

No lo sé. | **Я не знаю.**
[já ne znáju.]

¿Dónde? | ¿A dónde? | ¿Cuándo? | **Где? | Куда? | Когда?**
[gdé? | kudá? | kɔgdá?]

Necesito … | **Мне нужен …**
[mné núʒen …]

Quiero … | **Я хочу …**
[já hɔʧú …]

¿Tiene …? | **У вас есть …?**
[u vás jéstʲ …?]

¿Hay … por aquí? | **Здесь есть …?**
[zdésʲ éstʲ …?]

¿Puedo …? | **Я могу …?**
[já mɔgú …?]

…, por favor? (petición educada) | **пожалуйста**
[pɔʒáləsta]

Busco … | **Я ищу …**
[já iʃʲú …]

el servicio | **туалет**
[tualét]

un cajero automático | **банкомат**
[bankɔmát]

una farmacia | **аптеку**
[aptéku]

el hospital | **больницу**
[bolʲnítsu]

la comisaría | **полицейский участок**
[politsǽejskij uʧástɔk]

el metro | **метро**
[metró]

un taxi	такси [taksí]
la estación de tren	вокзал [vɔkzál]

Me llamo …	Меня зовут … [menʲá zɔvút …]
¿Cómo se llama?	Как вас зовут? [kák vás zɔvút?]
¿Puede ayudarme, por favor?	Помогите мне, пожалуйста. [pɔmɔgíte mné, pɔʒálэsta.]
Tengo un problema.	У меня проблема. [u menʲá prɔbléma.]
Me encuentro mal.	Мне плохо. [mné plóhɔ.]
¡Llame a una ambulancia!	Вызовите скорую! [vɨzɔvite skóruju!]
¿Puedo llamar, por favor?	Могу я позвонить? [mɔgú já pɔzvɔnítʲ?]

Lo siento.	Извините. [izviníte.]
De nada.	Пожалуйста. [pɔʒálэsta.]

Yo	я [já]
tú	ты [tɨ̄]
él	он [ón]
ella	она [ɔná]
ellos	они [ɔní]
ellas	они [ɔní]
nosotros /nosotras/	мы [mɨ̄]
ustedes, vosotros	вы [vɨ̄]
usted	Вы [vɨ̄]

ENTRADA	ВХОД [fhód]
SALIDA	ВЫХОД [vɨ̄hod]
FUERA DE SERVICIO	НЕ РАБОТАЕТ [ne rabótaet]
CERRADO	ЗАКРЫТО [zakrɨ̄tɔ]

ABIERTO

ОТКРЫТО
[ɔtkrɨtɔ]

PARA SEÑORAS

ДЛЯ ЖЕНЩИН
[dlʲa ʒænʃin]

PARA CABALLEROS

ДЛЯ МУЖЧИН
[dlʲa muʃín]

Preguntas

¿Dónde?	**Где?** [gdé?]
¿A dónde?	**Куда?** [kudá?]
¿De dónde?	**Откуда?** [ɔtkúda?]
¿Por qué?	**Почему?** [pɔtʃemú?]
¿Con que razón?	**Зачем?** [zatʃém?]
¿Cuándo?	**Когда?** [kɔgdá?]

¿Cuánto tiempo?	**Как долго?** [kák dólgɔ?]
¿A qué hora?	**Во сколько?** [vɔ skólʲkɔ?]
¿Cuánto?	**Сколько стоит?** [skólʲkɔ stóit?]
¿Tiene ...?	**У вас есть ...?** [u vás jéstʲ ...?]
¿Dónde está ...?	**Где находится ...?** [gdé nahóditsa ...?]

¿Qué hora es?	**Который час?** [kɔtórij tʃás?]
¿Puedo llamar, por favor?	**Могу я позвонить?** [mɔgú já pozvɔnítʲ?]
¿Quién es?	**Кто там?** [któ tám?]
¿Se puede fumar aquí?	**Могу я здесь курить?** [mɔgú já zdésʲ kurítʲ?]
¿Puedo ...?	**Я могу ...?** [já mɔgú ...?]

Necesidades

Quisiera …	**Я бы хотел /хотела/ …** [já bɨ hɔtél /hɔtéla/ …]
No quiero …	**Я не хочу …** [já ne hɔʧú …]
Tengo sed.	**Я хочу пить.** [já hɔʧú píti.]
Tengo sueño.	**Я хочу спать.** [já hɔʧú spáti.]

Quiero …	**Я хочу …** [já hɔʧú …]
lavarme	**умыться** [umíʦa]
cepillarme los dientes	**почистить зубы** [pɔʧístiti zúbɨ]
descansar un momento	**немного отдохнуть** [nemnógɔ ɔtdɔhnúti]
cambiarme de ropa	**переодеться** [pereɔdéʦa]

volver al hotel	**вернуться в гостиницу** [vernúʦa v gɔstínitsu]
comprar …	**купить …** [kupíti …]
ir a …	**съездить в …** [sjézditi f …]
visitar …	**посетить …** [pɔsetíti …]
quedar con …	**встретиться с …** [fstrétiʦa s …]
hacer una llamada	**позвонить** [pɔzvɔníti]

Estoy cansado /cansada/.	**Я устал /устала/.** [já ustál /ustála/.]
Estamos cansados /cansadas/.	**Мы устали.** [mɨ ustáli.]
Tengo frío.	**Мне холодно.** [mné hólɔdnɔ.]
Tengo calor.	**Мне жарко.** [mné ʒárkɔ.]
Estoy bien.	**Мне нормально.** [mné nɔrmálinɔ.]

Tengo que hacer una llamada.

Мне надо позвонить.
[mné nádɔ pɔzvɔnítʲ.]

Necesito ir al servicio.

Мне надо в туалет.
[mné nádɔ f tualét.]

Me tengo que ir.

Мне пора.
[mné pɔrá.]

Me tengo que ir ahora.

Мне надо идти.
[mné nádɔ itʲtʲí.]

Preguntar por direcciones

Perdone, ...	**Извините, ...** [izviníte, ...]
¿Dónde está ...?	**Где находится ...?** [gdé nahóditsa ...?]
¿Por dónde está ...?	**В каком направлении находится ...?** [f kakóm napravlénii nahóditsa ...?]
¿Puede ayudarme, por favor?	**Помогите мне, пожалуйста.** [pɔmɔɡíte mné, pɔʒáləsta.]

Busco ...	**Я ищу ...** [já iʃú ...]
Busco la salida.	**Я ищу выход.** [já iʃú víhɔt.]
Voy a ...	**Я еду в ...** [já édu f ...]
¿Voy bien por aquí para ...?	**Я правильно иду ...?** [já právilʲnɔ idú ...?]

¿Está lejos?	**Это далеко?** [ǽtɔ dalekó?]
¿Puedo llegar a pie?	**Я дойду туда пешком?** [já dɔjdú tudá peʃkóm]
¿Puede mostrarme en el mapa?	**Покажите мне на карте, пожалуйста.** [pɔkaʒíte mne na kárte, pɔʒáləsta.]
Por favor muestreme dónde estamos.	**Покажите, где мы сейчас.** [pɔkaʒíte, gdé mi sejtʃás.]

Aquí	**Здесь** [zdésʲ]
Allí	**Там** [tám]
Por aquí	**Сюда** [sʲudá]

Gire a la derecha.	**Поверните направо.** [pɔverníte naprávɔ.]
Gire a la izquierda.	**Поверните налево.** [pɔverníte nalévɔ.]
la primera (segunda, tercera) calle	**первый (второй, третий) поворот** [pérvij (vtɔrój, trétij) pɔvɔrót]
a la derecha	**направо** [naprávɔ]

a la izquierda

налево
[nalévɔ]

Siga recto.

Идите прямо.
[idíte prʲámɔ.]

Carteles

¡BIENVENIDO!	**ДОБРО ПОЖАЛОВАТЬ!** [dɔbró pɔʒálɔvatʲ!]
ENTRADA	**ВХОД** [fhód]
SALIDA	**ВЫХОД** [vīhɔd]

EMPUJAR	**ОТ СЕБЯ** [ɔt sebʲá]
TIRAR	**НА СЕБЯ** [na sebʲá]
ABIERTO	**ОТКРЫТО** [ɔtkrītɔ]
CERRADO	**ЗАКРЫТО** [zakrītɔ]

PARA SEÑORAS	**ДЛЯ ЖЕНЩИН** [dlʲa ʒǽnʃin]
PARA CABALLEROS	**ДЛЯ МУЖЧИН** [dlʲa muʃín]
CABALLEROS	**МУЖСКОЙ ТУАЛЕТ** [muʃskój tualét]
SEÑORAS	**ЖЕНСКИЙ ТУАЛЕТ** [ʒǽnskij tualét]

REBAJAS	**СКИДКИ** [skítki]
VENTA	**РАСПРОДАЖА** [rasprɔdáʒa]
GRATIS	**БЕСПЛАТНО** [besplátnɔ]
¡NUEVO!	**НОВИНКА!** [nɔvínka!]
ATENCIÓN	**ВНИМАНИЕ!** [vnimánie!]

COMPLETO	**МЕСТ НЕТ** [mést nét]
RESERVADO	**ЗАРЕЗЕРВИРОВАНО** [zarezervírɔvanɔ]
ADMINISTRACIÓN	**АДМИНИСТРАЦИЯ** [administrátsija]
SÓLO PERSONAL AUTORIZADO	**ТОЛЬКО ДЛЯ ПЕРСОНАЛА** [tólʲkɔ dlʲa persɔnála]

CUIDADO CON EL PERRO	**ЗЛАЯ СОБАКА** [zlája sɔbáka]
NO FUMAR	**НЕ КУРИТЬ!** [ne kurítʲ!]
NO TOCAR	**РУКАМИ НЕ ТРОГАТЬ!** [rukámi ne trógatʲ!]

PELIGROSO	**ОПАСНО** [ɔpásnɔ]
PELIGRO	**ОПАСНОСТЬ** [ɔpásnɔstʲ]
ALTA TENSIÓN	**ВЫСОКОЕ НАПРЯЖЕНИЕ** [vɨsókɔe naprɪʒǽnie]
PROHIBIDO BAÑARSE	**КУПАТЬСЯ ЗАПРЕЩЕНО** [kupátsa zapreʃʲenó]

FUERA DE SERVICIO	**НЕ РАБОТАЕТ** [ne rabótaet]
INFLAMABLE	**ОГНЕОПАСНО** [ɔgneɔpásnɔ]
PROHIBIDO	**ЗАПРЕЩЕНО** [zapreʃʲenó]
PROHIBIDO EL PASO	**ПРОХОД ЗАПРЕЩЁН** [prɔhót zapreʃʲǿn]
RECIÉN PINTADO	**ОКРАШЕНО** [ɔkráʃenɔ]

CERRADO POR RENOVACIÓN	**ЗАКРЫТО НА РЕМОНТ** [zakrɨ̄tɔ na remónt]
EN OBRAS	**РЕМОНТНЫЕ РАБОТЫ** [remóntnie rabóti]
DESVÍO	**ОБЪЕЗД** [ɔbjézd]

Transporte. Frases generales

el avión	самолёт
	[camɔlǿt]
el tren	поезд
	[póezd]
el bus	автобус
	[aftóbus]
el ferry	паром
	[paróm]
el taxi	такси
	[taksí]
el coche	машина
	[maʃína]

el horario	расписание
	[raspisánie]
¿Dónde puedo ver el horario?	Где можно посмотреть расписание?
	[gdé mǿʒnɔ pɔsmɔtrétʲ raspisánie?]
días laborables	рабочие дни
	[rabótʃie dní]
fines de semana	выходные дни
	[vihɔdnʲïe dní]
días festivos	праздничные дни
	[práznitʃnie dní]

SALIDA	ОТПРАВЛЕНИЕ
	[ɔtpravlénie]
LLEGADA	ПРИБЫТИЕ
	[pribïtie]
RETRASADO	ЗАДЕРЖИВАЕТСЯ
	[zadérʒivaeʦa]
CANCELADO	ОТМЕНЁН
	[ɔtmenǿn]

siguiente (tren, etc.)	следующий
	[sléduʃʲij]
primero	первый
	[pérvij]
último	последний
	[pɔslédnij]

¿Cuándo pasa el siguiente ...?	Когда будет следующий ...?
	[kɔgdá búdet sléduʃʲij ...?]
¿Cuándo pasa el primer ...?	Когда отходит первый ...?
	[kɔgdá ɔtxódit pérvij ...?]

¿Cuándo pasa el último …?

Когда уходит последний …?
[kɔgdá uhódit pɔslédnij …?]

el trasbordo (cambio de trenes, etc.)

пересадка
[peresátka]

hacer un trasbordo

сделать пересадку
[zdélatʲ peresátku]

¿Tengo que hacer un trasbordo?

Мне нужно делать пересадку?
[mné núʒnɔ délatʲ peresátku?]

Comprar billetes

¿Dónde puedo comprar un billete?
Где можно купить билеты?
[gdé móʒnɔ kupítʲ biléti?]

el billete
билет
[bilét]

comprar un billete
купить билет
[kupítʲ bilét]

precio del billete
стоимость билета
[stóimɔstʲ biléta]

¿Para dónde?
Куда?
[kudá?]

¿A qué estación?
До какой станции?
[dɔ kakój stántsii?]

Necesito ...
Мне нужно ...
[mné núʒnɔ ...]

un billete
один билет
[ɔdín bilét]

dos billetes
два билета
[dvá biléta]

tres billetes
три билета
[trí biléta]

sólo ida
в один конец
[v ɔdín kɔnéts]

ida y vuelta
туда и обратно
[tudá i ɔbrátnɔ]

en primera (primera clase)
первый класс
[pérvij klás]

en segunda (segunda clase)
второй класс
[ftɔrój klás]

hoy
сегодня
[sevódnʲa]

mañana
завтра
[záftra]

pasado mañana
послезавтра
[pɔslezáftra]

por la mañana
утром
[útrɔm]

por la tarde
днём
[dnʲǿm]

por la noche
вечером
[vétʃerɔm]

asiento de pasillo	**место у прохода** [mésto u prohóda]
asiento de ventanilla	**место у окна** [mésto u okná]
¿Cuánto cuesta?	**Сколько?** [skólʲko?]
¿Puedo pagar con tarjeta?	**Могу я заплатить карточкой?** [mogú já zaplatítʲ kártotʲkoj?]

Autobús

el autobús	автобус [aftóbus]
el autobús interurbano	междугородний автобус [meʒdugɔródnij aftóbus]
la parada de autobús	автобусная остановка [aftóbusnaja ɔstanófka]
¿Dónde está la parada de autobuses más cercana?	Где ближайшая автобусная остановка? [gdé bliʒájʃaja aftóbusnaja ɔstanófka?]

número	номер [nómer]
¿Qué autobús tengo que tomar para ...?	Какой автобус идёт до ...? [kakój aftóbus idǿt dɔ ...?]
¿Este autobús va a ...?	Этот автобус идёт до ...? [ǽtɔt aftóbus idǿt dɔ ...?]
¿Cada cuanto pasa el autobús?	Как часто ходят автобусы? [kák ʧástɔ hódⁱat aftóbusⁱ?]

cada 15 minutos	каждые 15 минут [káʒdⁱe pitnátsatⁱ minút]
cada media hora	каждые полчаса [káʒdⁱe pɔlʧasá]
cada hora	каждый час [káʒdij ʧás]
varias veces al día	несколько раз в день [néskɔlⁱkɔ rás v dénⁱ]
... veces al día	... раз в день [... ras v dénⁱ]

el horario	расписание [raspisánie]
¿Dónde puedo ver el horario?	Где можно посмотреть расписание? [gdé móʒnɔ pɔsmɔtrétⁱ raspisánie?]
¿Cuándo pasa el siguiente autobús?	Когда будет следующий автобус? [kɔgdá búdet sléduʃij aftóbus?]
¿Cuándo pasa el primer autobús?	Когда отходит первый автобус? [kɔgdá ɔtxódit pérvij aftóbus?]
¿Cuándo pasa el último autobús?	Когда уходит последний автобус? [kɔgdá uhódit pɔslédnij aftóbus?]
la parada	остановка [ɔstanófka]

la siguiente parada

следующая остановка
[sléduʃaja ɔstanófka]

la última parada

конечная остановка
[kɔnétʃnaja ɔstanófka]

Pare aquí, por favor.

Остановите здесь, пожалуйста.
[ɔstanɔvíte zdésʲ, pɔʒáləsta.]

Perdone, esta es mi parada.

Разрешите, это моя остановка.
[razreʃíte, ǽtɔ mɔjá ɔstanófka.]

Tren

el tren	**поезд** [póezd]
el tren de cercanías	**пригородный поезд** [prígorodnij póezd]
el tren de larga distancia	**поезд дальнего следования** [póezd dálʲnevo slédovanija]
la estación de tren	**вокзал** [vokzál]
Perdone, ¿dónde está la salida al anden?	**Извините, где выход к поездам?** [izviníte, gdé vīhot k poezdám?]

¿Este tren va a …?	**Этот поезд идёт до …?** [ǽtot póezd idǿt do …?]
el siguiente tren	**следующий поезд** [sléduʃʲij póezd]
¿Cuándo pasa el siguiente tren?	**Когда будет следующий поезд?** [kogdá búdet sléduʃij póezd?]
¿Dónde puedo ver el horario?	**Где можно посмотреть расписание?** [gdé móʒno posmotrétʲ raspisánie?]
¿De qué andén?	**С какой платформы?** [s kakój platfórmi?]
¿Cuándo llega el tren a …?	**Когда поезд прибывает в …?** [kogdá póezd pribiváet f …?]

Ayudeme, por favor.	**Помогите мне, пожалуйста.** [pomogíte mné, poʒálesta.]
Busco mi asiento.	**Я ищу своё место.** [já iʃʲú svojó mésto.]
Buscamos nuestros asientos.	**Мы ищем наши места.** [mī íʃʲem náʃi mestá.]
Mi asiento está ocupado.	**Моё место занято.** [mojó mésto zánito.]
Nuestros asientos están ocupados.	**Наши места заняты.** [náʃi mestá zániti.]

Perdone, pero ese es mi asiento.	**Извините, пожалуйста, но это моё место.** [izviníte, poʒálesta, nó ǽto mojó mésto.]
¿Está libre?	**Это место свободно?** [ǽto mésto svobódno?]
¿Puedo sentarme aquí?	**Могу я здесь сесть?** [mogú já zdésʲ séstʲ?]

En el tren. Diálogo (Sin billete)

Su billete, por favor.	**Ваш билет, пожалуйста.** [váʃ bilét, pɔʒáləsta.]
No tengo billete.	**У меня нет билета.** [u menʲá nét biléta.]
He perdido mi billete.	**Я потерял /потеряла/ свой билет.** [já poterʲál /poterʲála/ svój bilét.]
He olvidado mi billete en casa.	**Я забыл /забыла/ билет дома.** [já zabɨl /zabɨla/ bilét dóma.]

Le puedo vender un billete.	**Вы можете купить билет у меня.** [vɨ móʒete kupítʲ bilét u menʲá.]
También deberá pagar una multa.	**Вам ещё придётся** **заплатить штраф.** [vam eʃʲǿ pridǿtsʲa zaplatítʲ ʃtráf.]

Vale.	**Хорошо.** [hɔrɔʃó.]
¿A dónde va usted?	**Куда вы едете?** [kudá vɨ edete?]
Voy a …	**Я еду до …** [já édu dɔ …]

¿Cuánto es? No lo entiendo.	**Сколько? Я не понимаю.** [skólʲkɔ? já ne pɔnimáju.]
Escríbalo, por favor.	**Напишите, пожалуйста.** [napiʃɨte, pɔʒáləsta.]
Vale. ¿Puedo pagar con tarjeta?	**Хорошо. Могу я заплатить** **карточкой?** [hɔrɔʃó. mɔgú já zaplatítʲ kártɔtʃkɔj?]
Sí, puede.	**Да, можете.** [dá, móʒete.]

Aquí está su recibo.	**Вот ваша квитанция.** [vót váʃa kvitántsija.]
Disculpe por la multa.	**Сожалею о штрафе.** [sɔʒiléju ɔ ʃtráfe.]
No pasa nada. Fue culpa mía.	**Это ничего. Это моя вина.** [ǽtɔ nitʃevó. ǽtɔ mɔjá viná.]
Disfrute su viaje.	**Приятной вам поездки.** [prijátnɔj vam pɔéstki.]

Taxi

taxi	**такси** [taksí]
taxista	**таксист** [taksíst]
coger un taxi	**поймать такси** [pojmátʲ taksí]
parada de taxis	**стоянка такси** [stɔjánka taksí]
¿Dónde puedo coger un taxi?	**Где я могу взять такси?** [gdé já mɔgú vzʲátʲ taksí?]
llamar a un taxi	**вызвать такси** [vízvatʲ taksí]
Necesito un taxi.	**Мне нужно такси.** [mné núʒnɔ taksí.]
Ahora mismo.	**Прямо сейчас.** [prʲámɔ sejtʃás.]
¿Cuál es su dirección?	**Ваш адрес?** [váʃ ádres?]
Mi dirección es …	**Мой адрес …** [mój ádres …]
¿Cuál es el destino?	**Куда вы поедете?** [kudá vī pɔédete?]

Perdone, …	**Извините, …** [izviníte, …]
¿Está libre?	**Вы свободны?** [vī svobódnī?]
¿Cuánto cuesta ir a …?	**Сколько стоит доехать до …?** [skólʲkɔ stóit dɔéhatʲ dɔ …?]
¿Sabe usted dónde está?	**Вы знаете, где это?** [vī znáete, gdé ǽtɔ?]

Al aeropuerto, por favor.	**В аэропорт, пожалуйста.** [v aɛrɔpórt, pɔʒáləsta.]
Pare aquí, por favor.	**Остановитесь здесь, пожалуйста.** [ɔstanɔvíte zdésʲ, pɔʒáləsta.]
No es aquí.	**Это не здесь.** [ǽtɔ ne zdésʲ.]
La dirección no es correcta.	**Это неправильный адрес.** [ǽtɔ neprávilʲnij ádres.]
Gire a la izquierda.	**Сейчас налево.** [sejtʃás nalévɔ.]
Gire a la derecha.	**Сейчас направо.** [sejtʃás naprávɔ.]

¿Cuánto le debo?

Сколько я вам должен /должна/?
[skólʲkɔ ja vam dólʒen /dɔlʒná/?]

¿Me da un recibo, por favor?

Дайте мне чек, пожалуйста.
[dájte mne ʧék, pɔʒáləsta.]

Quédese con el cambio.

Сдачи не надо.
[zdátʃi ne nádɔ.]

Espéreme, por favor.

Подождите меня, пожалуйста.
[pɔdɔʒdíte menʲá, pɔʒáləsta.]

cinco minutos

5 минут
[pʲátʲ minút]

diez minutos

10 минут
[désitʲ minút]

quince minutos

15 минут
[pitnátsatʲ minút]

veinte minutos

20 минут
[dvátsatʲ minút]

media hora

полчаса
[pɔlʧasá]

Hotel

Hola.	**Здравствуйте.** [zdrástvujte.]
Me llamo …	**Меня зовут …** [menʲá zɔvút …]
Tengo una reserva.	**Я резервировал /резервировала/ номер.** [já rezervírɔval /rezervírɔvala/ nómer.]

Necesito …	**Мне нужен …** [mné núʒen …]
una habitación individual	**одноместный номер** [ɔdnɔmésnʲij nómer]
una habitación doble	**двухместный номер** [dvuh·mésnij nómer]
¿Cuánto cuesta?	**Сколько он стоит?** [skólʲkɔ ɔn stóit?]
Es un poco caro.	**Это немного дорого.** [ǽtɔ nemnógɔ dórɔgɔ.]

¿Tiene alguna más?	**У вас есть ещё что-нибудь?** [u vás jéstʲ eʃǿ ʃtó-nibutʲ?]
Me quedo.	**Я возьму его.** [já vɔzʲmú evó.]
Pagaré en efectivo.	**Я заплачу наличными.** [já zaplatʃú nalítʃnimi.]

Tengo un problema.	**У меня проблема.** [u menʲá prɔbléma.]
Mi … no funciona.	**Мой … сломан /Моя … сломана/** [mój … slóman /mɔjá … slómana/]
Mi … está fuera de servicio.	**Мой /Моя/ … не работает.** [mój /mɔjá/ … né rabótaet.]
televisión	**телевизор** [televízɔr]
aire acondicionado	**кондиционер** [kɔnditsiɔnér]
grifo	**кран** [krán]

ducha	**душ** [dúʃ]
lavabo	**раковина** [rákɔvina]

caja fuerte	**сейф** [séjf]
cerradura	**замок** [zámɔk]
enchufe	**розетка** [rɔzétka]
secador de pelo	**фен** [fén]

No tengo …	**У меня нет …** [u menʲá nét …]
agua	**воды** [vódʲi]
luz	**света** [svéta]
electricidad	**электричества** [ɛlektrítʃestva]

¿Me puede dar …?	**Можете мне дать …?** [mɔʒete mne dátʲ …?]
una toalla	**полотенце** [pɔlɔténtse]
una sábana	**одеяло** [ɔdejálɔ]
unas chanclas	**тапочки** [tápɔtʃki]
un albornoz	**халат** [halát]
un champú	**шампунь** [ʃampúnʲ]
jabón	**мыло** [mīlɔ]

Quisiera cambiar de habitación.	**Я хотел бы /хотела бы/ поменять номер.** [já hɔtél bɨ /hɔtéla bɨ/ pɔmenʲátʲ nómer.]
No puedo encontrar mi llave.	**Я не могу найти свой ключ.** [já ne mɔgú najtí svój klʲútʃ.]
Por favor abra mi habitación.	**Откройте мой номер, пожалуйста.** [ɔtkrójte mój nómer, pɔʒáləsta.]

¿Quién es?	**Кто там?** [któ tám?]
¡Entre!	**Войдите!** [vɔjdíte!]
¡Un momento!	**Одну минуту!** [ɔdnú minútu!]
Ahora no, por favor.	**Пожалуйста, не сейчас.** [pɔʒáləsta, ne sejtʃás.]
Venga a mi habitación, por favor.	**Зайдите ко мне, пожалуйста.** [zajdíte kɔ mné, pɔʒáləsta.]

Quisiera hacer un pedido.	**Я хочу сделать заказ еды в номер.** [já hotʃú zdélatʲ zakás edī v nómer.]
Mi número de habitación es …	**Мой номер комнаты …** [mój nómer kómnati …]

Me voy …	**Я уезжаю …** [já ueʒʒáju …]
Nos vamos …	**Мы уезжаем …** [mī ueʒʒáem …]
Ahora mismo	**сейчас** [sejtʃás]
esta tarde	**сегодня после обеда** [sevódnʲa pósle ɔbéda]
esta noche	**сегодня вечером** [sevódnʲa vétʃerɔm]
mañana	**завтра** [záftra]
mañana por la mañana	**завтра утром** [záftra útrɔm]
mañana por la noche	**завтра вечером** [záftra vetʃerɔm]
pasado mañana	**послезавтра** [pɔslezáftra]

Quisiera pagar la cuenta.	**Я хотел бы /хотела бы/ рассчитаться.** [já hɔtél bi /hɔtéla bi/ rasʃitátsa.]
Todo ha estado estupendo.	**Всё было отлично.** [fsǿ bīlɔ ɔtlítʃnɔ.]
¿Dónde puedo coger un taxi?	**Где я могу взять такси?** [gdé já mɔgú vzʲátʲ taksí?]
¿Puede llamarme un taxi, por favor?	**Вызовите мне такси, пожалуйста.** [vīzɔvite mne taksí, pɔʒáləsta.]

Restaurante

¿Puedo ver el menú, por favor?
Могу я посмотреть ваше меню?
[mɔgú já pɔsmɔtrétʲ váʃe menʲú?]

Mesa para uno.
Столик для одного.
[stólik dlʲa ɔdnɔvó.]

Somos dos (tres, cuatro).
Нас двое (трое, четверо).
[nás dvóe (tróe, tʃétverɔ).]

Para fumadores
Для курящих
[dlʲa kurʲáʃʲih]

Para no fumadores
Для некурящих
[dlʲa nekurʲáʃʲih]

¡Por favor! (llamar al camarero)
Будьте добры!
[bútʲte dɔbrĩ!]

la carta
меню
[menʲú]

la carta de vinos
карта вин
[kárta vín]

La carta, por favor.
Меню, пожалуйста.
[menʲú, pɔʒáləsta.]

¿Está listo para pedir?
Вы готовы сделать заказ?
[vĩ gɔtóvi zdélatʲ zakás?]

¿Qué quieren pedir?
Что вы будете заказывать?
[ʃtó vĩ búdete zakázivatʲ?]

Yo quiero …
Я буду …
[já búdu …]

Soy vegetariano.
Я вегетарианец /вегетарианка/.
[já vegetariánets /vegetariánka/.]

carne
мясо
[mʲásɔ]

pescado
рыба
[rĩba]

verduras
овощи
[óvɔʃʲi]

¿Tiene platos para vegetarianos?
У вас есть вегетарианские блюда?
[u vás jéstʲ vegetariánskie blʲúda?]

No como cerdo.
Я не ем свинину.
[já ne ém svinínu.]

Él /Ella/ no come carne.
Он /она/ не ест мясо.
[ón /ɔná/ ne ést mʲásɔ.]

Soy alérgico a …
У меня аллергия на …
[u menʲá alergíja na …]

¿Me puede traer ..., por favor?	**Принесите мне, пожалуйста ...** [prinesíte mné, poʒáləsta ...]
sal | pimienta | azúcar	**соль | перец | сахар** [sólʲ | pérets | sáhar]
café | té | postre	**кофе | чай | десерт** [kófe | tʃáj | desért]
agua | con gas | sin gas	**вода | с газом | без газа** [vóda | s gázɔm | bez gáza]
una cuchara | un tenedor | un cuchillo	**ложка | вилка | нож** [lóʃka | vílka | nóʃ]
un plato | una servilleta	**тарелка | салфетка** [tarélka | salfétka]

¡Buen provecho!	**Приятного аппетита!** [prijátnovɔ apetíta!]
Uno más, por favor.	**Принесите ещё, пожалуйста.** [prinesíte eʃǿ, poʒáləsta.]
Estaba delicioso.	**Было очень вкусно.** [bílɔ ótʃenʲ fkúsnɔ.]

la cuenta | el cambio | la propina	**счёт | сдача | чаевые** [ʃǿt | zdátʃa | tʃaevīje]
La cuenta, por favor.	**Счёт, пожалуйста.** [ʃǿt, poʒáləsta.]
¿Puedo pagar con tarjeta?	**Могу я заплатить карточкой?** [mɔgú já zaplatítʲ kártɔtʃkoj?]
Perdone, aquí hay un error.	**Извините, здесь ошибка.** [izviníte, zdésʲ ɔʃɪpka.]

De Compras

¿Puedo ayudarle?	**Могу я вам помочь?** [mɔgú já vam pɔmótʃʲ?]
¿Tiene ...?	**У вас есть ...?** [u vás jéstʲ ...?]
Busco ...	**Я ищу ...** [já iʃʲú ...]
Necesito ...	**Мне нужен ...** [mné núʒen ...]

Sólo estoy mirando.	**Я просто смотрю.** [já próstɔ smotrʲú.]
Sólo estamos mirando.	**Мы просто смотрим.** [mɨ́ próstɔ smótrim.]
Volveré más tarde.	**Я зайду позже.** [já zajdú póʒʒe.]
Volveremos más tarde.	**Мы зайдём позже.** [mɨ́ zajdǿm póʒʒe.]
descuentos | oferta	**скидки | распродажа** [skítki | rasprɔdáʒa]

Por favor, enséñeme ...	**Покажите мне, пожалуйста ...** [pɔkaʒɨ́te mné, pɔʒálǝsta ...]
¿Me puede dar ..., por favor?	**Дайте мне, пожалуйста ...** [dájte mne, pɔʒálǝsta ...]
¿Puedo probarmelo?	**Могу я это примерить?** [mɔgú já ǽtɔ priméritʲ?]
Perdone, ¿dónde están los probadores?	**Извините, где примерочная?** [izviníte, gdé primérɔtʃnaja?]
¿Qué color le gustaría?	**Какой цвет вы хотите?** [kakój tsvét vɨ́ hotíte?]
la talla | el largo	**размер | рост** [razmér | róst]
¿Cómo le queda? (¿Está bien?)	**Подошло?** [pɔdɔʃló?]

¿Cuánto cuesta esto?	**Сколько это стоит?** [skólʲkɔ ǽtɔ stóit?]
Es muy caro.	**Это слишком дорого.** [ǽtɔ slíʃkɔm dórɔgɔ.]
Me lo llevo.	**Я возьму это.** [já vozʲmú ǽtɔ.]
Perdone, ¿dónde está la caja?	**Извините, где касса?** [izviníte, gdé kássa?]

¿Pagará en efectivo o con tarjeta?

Как вы будете платить?
[kák vī búdete platíti?]

en efectivo | con tarjeta

наличными | карточкой
[nalíʧnimi | kártɔʧkɔj]

¿Quiere el recibo?

Вам нужен чек?
[vam núʒen ʧék?]

Sí, por favor.

Да, будьте добры.
[dá, búti te dɔbrī.]

No, gracias.

Нет, не надо. Спасибо.
[nét, ne nádɔ. spasíbɔ.]

Gracias. ¡Que tenga un buen día!

Спасибо. Всего хорошего!
[spasíbɔ. fsevó hɔróʃevɔ!]

En la ciudad

Perdone, por favor.	**Извините, пожалуйста ...** [izviníte, pɔʒálǝsta ...]
Busco ...	**Я ищу ...** [já iʃú ...]
el metro	**метро** [metró]
mi hotel	**свою гостиницу** [svɔjú gɔstínitsu]
el cine	**кинотеатр** [kinɔteátr]
una parada de taxis	**стоянку такси** [stɔjánku taksí]
un cajero automático	**банкомат** [bankɔmát]
una oficina de cambio	**обмен валют** [ɔbmén valʲút]
un cibercafé	**интернет-кафе** [intɛrnǽt-kafǽ]
la calle ...	**улицу ...** [úlitsu ...]
este lugar	**вот это место** [vót ǽtɔ méstɔ]
¿Sabe usted dónde está ...?	**Вы не знаете, где находится ...?** [vɨ ne znáete, gdé nahóditsa ...?]
¿Cómo se llama esta calle?	**Как называется эта улица?** [kák nazɨváetsa ǽta úlitsa?]
Muestreme dónde estamos ahora.	**Покажите, где мы сейчас.** [pɔkaʒíte, gdé mɨ sejtʃás.]
¿Puedo llegar a pie?	**Я дойду туда пешком?** [já dɔjdú tudá peʃkóm]
¿Tiene un mapa de la ciudad?	**У вас есть карта города?** [u vás jéstʲ kárta górɔda?]
¿Cuánto cuesta la entrada?	**Сколько стоит билет?** [skólʲkɔ stóit bilét?]
¿Se pueden hacer fotos aquí?	**Здесь можно фотографировать?** [zdésʲ móʒnɔ fotɔgrafírɔvatʲ?]
¿Está abierto?	**Вы открыты?** [vɨ ɔtkrɨ́tɨ?]

¿A qué hora abren?

Во сколько вы открываетесь?
[vɔ skólʲkɔ vɪ ɔtkriváetesʲ?]

¿A qué hora cierran?

До которого часа вы работаете?
[dɔ kɔtórɔvɔ ʧása vɪ rabótaete?]

Dinero

dinero	**деньги** [dénʲgi]
efectivo	**наличные деньги** [nalítʃnie dénʲgi]
billetes	**бумажные деньги** [bumáʒnie dénʲgi]
monedas	**мелочь** [mélotʃ]
la cuenta | el cambio | la propina	**счёт | сдача | чаевые** [ʃǿt | zdátʃa | tʃaevíje]

la tarjeta de crédito	**кредитная карточка** [kredítnaja kártotʃka]
la cartera	**бумажник** [bumáʒnik]
comprar	**покупать** [pɔkupátʲ]
pagar	**платить** [platítʲ]
la multa	**штраф** [ʃtráf]
gratis	**бесплатно** [besplátnɔ]

¿Dónde puedo comprar …?	**Где я могу купить …?** [gdé já mɔgú kupítʲ …?]
¿Está el banco abierto ahora?	**Банк сейчас открыт?** [bánk sejtʃás ɔtkrĩt?]
¿A qué hora abre?	**Во сколько он открывается?** [vɔ skólʲkɔ ón ɔtkriváetsa?]
¿A qué hora cierra?	**До которого часа он работает?** [dɔ kɔtórɔvɔ tʃása ón rabótaet?]

¿Cuánto cuesta?	**Сколько?** [skólʲkɔ?]
¿Cuánto cuesta esto?	**Сколько это стоит?** [skólʲkɔ ǽtɔ stóit?]
Es muy caro.	**Это слишком дорого.** [ǽtɔ slíʃkɔm dórɔgɔ.]

Perdone, ¿dónde está la caja?	**Извините, где касса?** [izviníte, gdé kássa?]
La cuenta, por favor.	**Счёт, пожалуйста.** [ʃǿt, pɔʒálǝsta.]

¿Puedo pagar con tarjeta?	**Могу я заплатить карточкой?** [mɔgú já zaplatítʲ kártɔtʃkɔj?]
¿Hay un cajero por aquí?	**Здесь есть банкомат?** [zdésʲ éstʲ bankɔmát?]
Busco un cajero automático.	**Мне нужен банкомат.** [mne núʒen bankɔmát.]

Busco una oficina de cambio.	**Я ищу обмен валют.** [já iʃʲú ɔbmén valʲút.]
Quisiera cambiar ...	**Я бы хотел /хотела/ поменять ...** [já bi hɔtél /hɔtéla/ pɔmenʲátʲ ...]
¿Cuál es el tipo de cambio?	**Какой курс обмена?** [kakój kúrs ɔbména?]
¿Necesita mi pasaporte?	**Вам нужен мой паспорт?** [vam núʒen mój páspɔrt?]

Tiempo

¿Qué hora es?	**Который час?** [kɔtórij ʧás?]
¿Cuándo?	**Когда?** [kɔgdá?]
¿A qué hora?	**Во сколько?** [vɔ skólʲkɔ?]
ahora | luego | después de …	**сейчас | позже | после …** [sejʧás | póʒʒe | pósle …]

la una	**Час дня** [ʧás dnʲá]
la una y cuarto	**Час пятнадцать** [ʧás pitnáʦatʲ]
la una y medio	**Час тридцать** [ʧás trítsatʲ]
las dos menos cuarto	**Без пятнадцати два** [bes pitnáʦati dvá]

una | dos | tres	**один | два | три** [ɔdín | dvá | trí]
cuatro | cinco | seis	**четыре | пять | шесть** [ʧetíre | pʲátʲ | ʃǽstʲ]
siete | ocho | nueve	**семь | восемь | девять** [sémʲ | vósemʲ | dévɪtʲ]
diez | once | doce	**десять | одиннадцать | двенадцать** [désitʲ | ɔdínaʦatʲ | dvenáʦatʲ]

en …	**через …** [ʧéres …]
cinco minutos	**5 минут** [pʲátʲ minút]
diez minutos	**10 минут** [désitʲ minút]
quince minutos	**15 минут** [pitnáʦatʲ minút]
veinte minutos	**20 минут** [dváʦatʲ minút]

media hora	**полчаса** [pɔlʧasá]
una hora	**один час** [ɔdín ʧás]
por la mañana	**утром** [útrɔm]

por la mañana temprano	**рано утром** [ránɔ útrɔm]
esta mañana	**сегодня утром** [sevódnʲa útrɔm]
mañana por la mañana	**завтра утром** [záftra útrɔm]

al mediodía	**в обед** [v ɔbéd]
por la tarde	**после обеда** [pósle ɔbéda]
por la noche	**вечером** [vétʃerɔm]
esta noche	**сегодня вечером** [sevódnʲa vétʃerɔm]

por la noche	**ночью** [nótʃju]
ayer	**вчера** [ftʃerá]
hoy	**сегодня** [sevódnʲa]
mañana	**завтра** [záftra]
pasado mañana	**послезавтра** [pɔslezáftra]

¿Qué día es hoy?	**Какой сегодня день?** [kakój sevódnʲa dénʲ?]
Es …	**Сегодня …** [sevódnʲa …]
lunes	**понедельник** [pɔnedélʲnik]
martes	**вторник** [ftórnik]
miércoles	**среда** [sredá]

jueves	**четверг** [tʃetvérg]
viernes	**пятница** [pʲátnitsa]
sábado	**суббота** [subóta]
domingo	**воскресенье** [vɔskresénje]

Saludos. Presentaciones.

Hola.

Здравствуйте.
[zdrástvujte.]

Encantado /Encantada/ de conocerle.

Рад /рада/ с вами познакомиться.
[rát /ráda/ s vámi poznakómitsa.]

Yo también.

Я тоже.
[já tóʒe.]

Le presento a ...

Знакомьтесь. Это ...
[znakómʲtesʲ. æto ...]

Encantado.

Очень приятно.
[ótʃenʲ prijátno.]

¿Cómo está?

Как вы? | Как у вас дела?
[kák vī? | kák u vás delá?]

Me llamo ...

Меня зовут ...
[menʲá zovút ...]

Se llama ...

Его зовут ...
[evó zovút ...]

Se llama ...

Её зовут ...
[ejó zovút ...]

¿Cómo se llama (usted)?

Как вас зовут?
[kák vás zovút?]

¿Cómo se llama (él)?

Как его зовут?
[kák evó zovút?]

¿Cómo se llama (ella)?

Как ее зовут?
[kák ejó zovút?]

¿Cuál es su apellido?

Как ваша фамилия?
[kák váʃa famílija?]

Puede llamarme ...

Зовите меня ...
[zovíte menʲá ...]

¿De dónde es usted?

Откуда вы?
[otkúda vī?]

Yo soy de ....

Я из ...
[já ís ...]

¿A qué se dedica?

Кем вы работаете?
[kém vī rabótaete?]

¿Quién es?

Кто это?
[któ æto?]

¿Quién es él?

Кто он?
[któ ón?]

¿Quién es ella?

Кто она?
[któ oná?]

¿Quiénes son?

Кто они?
[któ oní?]

Este es …

Это …
[ǽtɔ …]

mi amigo

мой друг
[mój drúg]

mi amiga

моя подруга
[mɔjá pɔdrúga]

mi marido

мой муж
[mój múʃ]

mi mujer

моя жена
[mɔjá ʒená]

mi padre

мой отец
[mój ɔtéts]

mi madre

моя мама
[mɔjá máma]

mi hermano

мой брат
[mój brát]

mi hermana

моя сестра
[mɔjá sestrá]

mi hijo

мой сын
[mój sɨn]

mi hija

моя дочь
[mɔjá dóʧ]

Este es nuestro hijo.

Это наш сын.
[ǽtɔ náʃ sɨn.]

Esta es nuestra hija.

Это наша дочь.
[ǽtɔ náʃa dóʧ.]

Estos son mis hijos.

Это мои дети.
[ǽtɔ mɔí déti.]

Estos son nuestros hijos.

Это наши дети.
[ǽtɔ náʃi déti.]

Despedidas

¡Adiós!	**До свидания!** [do svidánija!]
¡Chau!	**Пока!** [poká!]
Hasta mañana.	**До завтра.** [do záftra.]
Hasta pronto.	**До встречи.** [do fstréʧi.]
Te veo a las siete.	**Встретимся в семь.** [fstrétimsʲa f sémʲ.]

¡Que se diviertan!	**Развлекайтесь!** [razvlekájtesʲ!]
Hablamos más tarde.	**Поговорим попозже.** [pogovorím popóʒʒe.]
Que tengas un buen fin de semana.	**Удачных выходных.** [udáʧnih vihodníh.]
Buenas noches.	**Спокойной ночи.** [spokójnoj nóʧi.]

Es hora de irme.	**Мне пора.** [mné porá.]
Tengo que irme.	**Мне надо идти.** [mné nádo itʲtí.]
Ahora vuelvo.	**Я сейчас вернусь.** [já sejʧás vernúsʲ.]

Es tarde.	**Уже поздно.** [uʒǽ pózno.]
Tengo que levantarme temprano.	**Мне рано вставать.** [mné ráno fstavátʲ.]
Me voy mañana.	**Я завтра уезжаю.** [já záftra ueʒʒáju.]
Nos vamos mañana.	**Мы завтра уезжаем.** [mī záftra ueʒʒáem.]

¡Que tenga un buen viaje!	**Счастливой поездки!** [ʃʲislívoj poéstki!]
Ha sido un placer.	**Было приятно с вами познакомиться.** [bílo prijátno s vámi poznakómitsa.]
Fue un placer hablar con usted.	**Было приятно с вами пообщаться.** [bílo prijátno s vámi poopʃʲátsa.]

Gracias por todo.

Спасибо за всё.
[spasíbɔ za fsǿ.]

Lo he pasado muy bien.

Я прекрасно провёл /провела/ время.
[já prekrásnɔ prɔvǿl /prɔvelá/ vrémʲa.]

Lo pasamos muy bien.

Мы прекрасно провели время.
[mī prekrásnɔ prɔvelí vrémʲa.]

Fue genial.

Всё было замечательно.
[fsǿ bīlɔ zametʃátelʲnɔ.]

Le voy a echar de menos.

Я буду скучать.
[já búdu skutʃátʲ.]

Le vamos a echar de menos.

Мы будем скучать.
[mī búdem skutʃátʲ.]

¡Suerte!

Удачи! Счастливо!
[udátʃi!, ʃáslivɔ!]

Saludos a …

Передавайте привет …
[peredavájte privét …]

♪

Idioma extranjero

No entiendo.	**Я не понимаю.**
	[já ne ponimáju.]
Escríbalo, por favor.	**Напишите это, пожалуйста.**
	[napiʃīte ǽtɔ, pɔʒáləsta.]
¿Habla usted ...?	**Вы знаете ...?**
	[vī znáete ...?]

Hablo un poco de ...	**Я немного знаю ...**
	[já nemnógɔ znáju ...]
inglés	**английский**
	[anglíjskij]
turco	**турецкий**
	[turétskij]
árabe	**арабский**
	[arápskij]
francés	**французский**
	[frantsúskij]

alemán	**немецкий**
	[nemétskij]
italiano	**итальянский**
	[italjánskij]
español	**испанский**
	[ispánskij]
portugués	**португальский**
	[pɔrtugálʲskij]
chino	**китайский**
	[kitájskij]
japonés	**японский**
	[jɪpónskij]

¿Puede repetirlo, por favor?	**Повторите, пожалуйста.**
	[pɔftɔríte, pɔʒáləsta.]
Lo entiendo.	**Я понимаю.**
	[já pɔnimáju.]
No entiendo.	**Я не понимаю.**
	[já ne pɔnimáju.]
Hable más despacio, por favor.	**Говорите медленнее, пожалуйста.**
	[gɔvɔríte médlenee, pɔʒáləsta.]

¿Está bien?	**Это правильно?**
	[ǽtɔ právilʲnɔ?]
¿Qué es esto? (¿Que significa esto?)	**Что это?**
	[ʃtó ǽtɔ?]

٤

Disculpas

Perdone, por favor.	**Извините, пожалуйста.** [izviníte, poʒálǝsta.]
Lo siento.	**Я сожалею.** [já soʒiléju.]
Lo siento mucho.	**Мне очень жаль.** [mné óʧenʲ ʒálʲ.]
Perdón, fue culpa mía.	**Виноват /Виновата/, это моя вина.** [vinovát /vinováta/, ǽtɔ mojá viná.]
Culpa mía.	**Моя ошибка.** [mojá oʃĩpka.]

¿Puedo ...?	**Могу я ...?** [mogú já ...?]
¿Le molesta si ...?	**Вы не будете возражать, если я ...?** [vĩ ne búdete vozraʒátʲ, esli já ...?]
¡No hay problema! (No pasa nada.)	**Ничего страшного.** [niʧevó stráʃnovo.]
Todo está bien.	**Всё в порядке.** [fsǿ f porʲátke.]
No se preocupe.	**Не беспокойтесь.** [ne bespokójtesʲ.]

Acuerdos

Sí.	**Да.** [dá.]
Sí, claro.	**Да, конечно.** [dá, kɔnéʃnɔ.]
Bien.	**Хорошо!** [hɔrɔʃó!]
Muy bien.	**Очень хорошо.** [ɔʧenʲ hɔrɔʃó.]
¡Claro que sí!	**Конечно!** [kɔnéʃnɔ!]
Estoy de acuerdo.	**Я согласен /согласна/.** [já sɔglásen /saglásna/.]

Es verdad.	**Верно.** [vérnɔ.]
Es correcto.	**Правильно.** [právilʲnɔ.]
Tiene razón.	**Вы правы.** [vɨ právɨ.]
No me molesta.	**Я не возражаю.** [já ne vɔzraʒáju.]
Es completamente cierto.	**Совершенно верно.** [sɔverʃǽnnɔ vérnɔ.]

Es posible.	**Это возможно.** [ǽtɔ vɔzmóʒnɔ.]
Es una buena idea.	**Это хорошая мысль.** [ǽtɔ hɔróʃaja mɨslʲ.]
No puedo decir que no.	**Не могу отказать.** [ne mɔgú ɔtkazátʲ.]
Estaré encantado /encantada/.	**Буду рад /рада/.** [búdu rad /ráda/.]
Será un placer.	**С удовольствием.** [s udɔvólʲstviem.]

Rechazo. Expresar duda

No.
Нет.
[nét.]

Claro que no.
Конечно нет.
[kɔnéʃnɔ nét.]

No estoy de acuerdo.
Я не согласен /не согласна/.
[já ne sɔglásen /ne sɔglásna/.]

No lo creo.
Я так не думаю.
[já ták ne dúmaju.]

No es verdad.
Это неправда.
[ǽtɔ neprávda.]

No tiene razón.
Вы неправы.
[vɪ̄ neprávi.]

Creo que no tiene razón.
Я думаю, что вы неправы.
[já dúmaju, ʃtó vɪ̄ neprávi.]

No estoy seguro /segura/.
Не уверен /не уверена/.
[ne uvéren /ne uvérena/.]

No es posible.
Это невозможно.
[ǽtɔ nevɔzmóʒnɔ.]

¡Nada de eso!
Ничего подобного!
[niʧevó pɔdóbnɔvɔ!]

Justo lo contrario.
Наоборот!
[naɔbɔrót!]

Estoy en contra de ello.
Я против.
[já prótif.]

No me importa. (Me da igual.)
Мне всё равно.
[mné fsǿ ravnó.]

No tengo ni idea.
Понятия не имею.
[pɔnʲátija ne iméju.]

Dudo que sea así.
Сомневаюсь, что это так.
[sɔmnevájus, ʃtó ǽtɔ ták.]

Lo siento, no puedo.
Извините, я не могу.
[izviníte, já ne mɔgú.]

Lo siento, no quiero.
Извините, я не хочу.
[izviníte, já ne hoʧú.]

Gracias, pero no lo necesito.
Спасибо, мне это не нужно.
[spasíbɔ, mne ǽtɔ ne núʒnɔ.]

Ya es tarde.
Уже поздно.
[uʒǽ póznɔ.]

Tengo que levantarme temprano.

Мне рано вставать.
[mné ráno fstavátʲ.]

Me encuentro mal.

Я плохо себя чувствую.
[já plóho sebʲá ʧústvuju.]

Expresar gratitud

Gracias.	**Спасибо.** [spasíbɔ]
Muchas gracias.	**Спасибо большое.** [spasíbɔ bɔlʲʃóe.]
De verdad lo aprecio.	**Очень признателен /признательна/.** [óʧenʲ priznátelen /priznátelʲna/.]
Se lo agradezco.	**Я вам благодарен /благодарна/.** [já vam blagɔdáren /blagɔdárna/.]
Se lo agradecemos.	**Мы Вам благодарны.** [mɨ̄ vam blagɔdárnɨ.]

Gracias por su tiempo.	**Спасибо, что потратили время.** [spasíbɔ, ʃtó pɔtrátili vrémʲa.]
Gracias por todo.	**Спасибо за всё.** [spasíbɔ za fsø.]
Gracias por ...	**Спасибо за ...** [spasíbɔ za ...]
su ayuda	**вашу помощь** [váʃu pómɔʃ]
tan agradable momento	**хорошее время** [hɔróʃee vrémʲa]

una comida estupenda	**прекрасную еду** [prekrásnuju edú]
una velada tan agradable	**приятный вечер** [prijátnij véʧer]
un día maravilloso	**замечательный день** [zameʧátelʲnij dénʲ]
un viaje increíble	**интересную экскурсию** [interésnuju ɛkskúrsiju]

No hay de qué.	**Не за что.** [né za ʃtɔ.]
De nada.	**Не стоит благодарности.** [ne stóit blagɔdárnɔsti.]
Siempre a su disposición.	**Всегда пожалуйста.** [fsegdá pɔʒáləsta.]
Encantado /Encantada/ de ayudarle.	**Был рад /Была рада/ помочь.** [bɨl rád /bɨlá ráda/ pɔmóʧ.]
No hay de qué.	**Забудьте. Всё в порядке.** [zabútʲte. fsø f pɔrʲátke.]
No tiene importancia.	**Не беспокойтесь.** [ne bespɔkójtesʲ.]

Felicitaciones , Mejores Deseos

¡Felicidades!	**Поздравляю!** [pɔzdravlʲáju!]
¡Feliz Cumpleaños!	**С днём рождения!** [z dnǿm rɔʒdénija!]
¡Feliz Navidad!	**Весёлого рождества!** [vesǿlovɔ rɔʒdestvá!]
¡Feliz Año Nuevo!	**С Новым годом!** [s nóvim gódɔm!]

¡Felices Pascuas!	**Со Светлой Пасхой!** [sɔ svétlɔj pásxɔj!]
¡Feliz Hanukkah!	**Счастливой Хануки!** [ʃʲislívɔj hánuki!]

Quiero brindar.	**У меня есть тост.** [u menʲá jéstʲ tóst.]
¡Salud!	**За ваше здоровье!** [za váʃe zdɔróvje!]
¡Brindemos por ...!	**Выпьем за ... !** [vīpjem za ... !]
¡A nuestro éxito!	**За наш успех!** [za náʃ uspéh!]
¡A su éxito!	**За ваш успех!** [za váʃ uspéh!]

¡Suerte!	**Удачи!** [udátʃi!]
¡Que tenga un buen día!	**Приятного вам дня!** [prijátnɔvɔ vam dnʲá!]
¡Que tenga unas buenas vacaciones!	**Хорошего вам отдыха!** [hɔróʃevɔ vam ótdiha!]
¡Que tenga un buen viaje!	**Удачной поездки!** [udátʃnɔj pɔéstki!]
¡Espero que se recupere pronto!	**Желаю вам скорого выздоровления!** [ʒeláju vam skórɔvɔ vizdɔrɔvlénija!]

Socializarse

¿Por qué está triste?

Почему вы расстроены?
[potʃemú vī rastróenʲ?]

¡Sonría! ¡Anímese!

Улыбнитесь!
[ulibnítesʲ!]

¿Está libre esta noche?

Вы не заняты сегодня вечером?
[vī ne zánıti sevódnʲa vétʃerɔm?]

¿Puedo ofrecerle algo de beber?

Могу я предложить вам выпить?
[mɔgú já predlɔʒítʲ vam vīpitʲ?]

¿Querría bailar conmigo?

Не хотите потанцевать?
[ne hɔtíte potantsɛvátʲ?]

Vamos a ir al cine.

Может сходим в кино?
[móʒet sxódim f kinó?]

¿Puedo invitarle a …?

Могу я пригласить вас в …?
[mɔgú já priglasítʲ vás f …?]

un restaurante

ресторан
[restɔrán]

el cine

кино
[kinó]

el teatro

театр
[teátr]

dar una vuelta

на прогулку
[na prɔgúlku]

¿A qué hora?

Во сколько?
[vɔ skólʲkɔ?]

esta noche

сегодня вечером
[sevódnʲa vétʃerɔm]

a las seis

в 6 часов
[f ʃǽstʲ tʃasóf]

a las siete

в 7 часов
[f sémʲ tʃasóf]

a las ocho

в 8 часов
[v vósemʲ tʃasóf]

a las nueve

в 9 часов
[v dévitʲ tʃasóf]

¿Le gusta este lugar?

Вам здесь нравится?
[vam zdésʲ nrávitsa?]

¿Está aquí con alguien?

Вы здесь с кем-то?
[vī zdésʲ s kém-tɔ?]

Estoy con mi amigo /amiga/.

Я с другом /подругой/.
[já s drúgɔm /pɔdrúgɔj/.]

Estoy con amigos.	**Я с друзьями.** [já s druzjámi.]
No, estoy solo /sola/.	**Я один /одна/.** [já ɔdín /ɔdná/.]

¿Tienes novio?	**У тебя есть приятель?** [u tebʲá jéstʲ prijátelʲ?]
Tengo novio.	**У меня есть друг.** [u menʲá jéstʲ drúk.]
¿Tienes novia?	**У тебя есть подружка?** [u tebʲá jéstʲ pɔdrúʃka?]
Tengo novia.	**У меня есть девушка.** [u menʲá jéstʲ dévuʃka.]

¿Te puedo volver a ver?	**Мы ещё встретимся?** [mī eʃǿ fstrétimsʲa?]
¿Te puedo llamar?	**Можно я тебе позвоню?** [móʒnɔ já tebé pɔzvɔnʲú?]
Llámame.	**Позвони мне.** [pɔzvɔní mné.]
¿Cuál es tu número?	**Какой у тебя номер?** [kakój u tebʲá nómer?]
Te echo de menos.	**Я скучаю по тебе.** [já skuʧáju pɔ tebé.]

¡Qué nombre tan bonito!	**У вас очень красивое имя.** [u vás óʧenʲ krasívɔe ímʲa.]
Te quiero.	**Я тебя люблю.** [já tebʲá lʲublʲú.]
¿Te casarías conmigo?	**Выходи за меня.** [vihɔdí za menʲá.]
¡Está de broma!	**Вы шутите!** [vī ʃútite!]
Sólo estoy bromeando.	**Я просто шучу.** [já próstɔ ʃuʧú.]

¿En serio?	**Вы серьёзно?** [vī serjóznɔ?]
Lo digo en serio.	**Я серьёзно.** [já serjóznɔ.]
¿De verdad?	**Правда?!** [právda?!]
¡Es increíble!	**Это невероятно!** [ǽtɔ neverɔjátnɔ!]
No le creo.	**Я вам не верю.** [já vam ne verʲu.]
No puedo.	**Я не могу.** [já ne mɔgú.]
No lo sé.	**Я не знаю.** [já ne znáju.]
No le entiendo.	**Я вас не понимаю.** [já vás ne pɔnimáju.]

Váyase, por favor.	**Уйдите, пожалуйста.**
	[ujdíte, poʒálesta.]
¡Déjeme en paz!	**Оставьте меня в покое!**
	[ostáfʲte menʲá f pokóe!]

Es inaguantable.	**Я его не выношу.**
	[já evó ne vinoʃú.]
¡Es un asqueroso!	**Вы отвратительны!**
	[vī otvratítelʲnī!]
¡Llamaré a la policía!	**Я вызову полицию!**
	[já vīzovu polítsiju!]

Compartir impresiones. Emociones

Me gusta.	**Мне это нравится.** [mné áeto nrávitsa.]
Muy lindo.	**Очень мило.** [ótʃenʲ mílo.]
¡Es genial!	**Это здорово!** [áeto zdórovo!]
No está mal.	**Это неплохо.** [áeto neplóho.]

No me gusta.	**Мне это не нравится.** [mné áeto ne nrávitsa.]
No está bien.	**Это нехорошо.** [áeto nehoroʃó.]
Está mal.	**Это плохо.** [áeto plóho.]
Está muy mal.	**Это очень плохо.** [áeto ótʃenʲ plóho.]
¡Qué asco!	**Это отвратительно.** [áeto otvratítelʲno.]

Estoy feliz.	**Я счастлив /счастлива/.** [já ʃʲáslif /ʃʲásliva/.]
Estoy contento /contenta/.	**Я доволен /довольна/.** [já dovólen /dovólʲna/.]
Estoy enamorado /enamorada/.	**Я влюблён /влюблена/.** [já vlʲublʲón /vlʲublená/.]
Estoy tranquilo.	**Я спокоен /спокойна/.** [já spokóen /spokójna/.]
Estoy aburrido.	**Мне скучно.** [mné skúʃno.]

Estoy cansado /cansada/.	**Я устал /устала/.** [já ustál /ustála/.]
Estoy triste.	**Мне грустно.** [mné grúsno.]
Estoy asustado.	**Я напуган /напугана/.** [já napúgan /napúgana/.]
Estoy enfadado /enfadada/.	**Я злюсь.** [já zlʲúsʲ.]

Estoy preocupado /preocupada/.	**Я волнуюсь.** [já volnújusʲ.]
Estoy nervioso /nerviosa/.	**Я нервничаю.** [já nérvnitʃaju.]

Estoy celoso /celosa/.

Я завидую.
[já zavíduju.]

Estoy sorprendido /sorprendida/.

Я удивлён /удивлена/.
[já udivlǿn /udivlená/.]

Estoy perplejo /perpleja/.

Я озадачен /озадачена/.
[já ɔzadátʃen /ɔzadátʃena/.]

Problemas, Accidentes

Tengo un problema.	**У меня проблема.** [u men¹á prɔbléma.]
Tenemos un problema.	**У нас проблема.** [u nás prɔbléma.]
Estoy perdido /perdida/.	**Я заблудился /заблудилась/.** [já zabludíls¹a /zabludílas¹/.]
Perdi el último autobús (tren).	**Я опоздал на последний автобус (поезд).** [já ɔpɔzdál na pɔslédnij aftóbus (póezd).]
No me queda más dinero.	**У меня совсем не осталось денег.** [u men¹á sɔfsém ne ɔstálɔs¹ déneg.]

He perdido ...	**Я потерял /потеряла/ ...** [já pɔter¹ál /pɔter¹ála/ ...]
Me han robado ...	**У меня украли ...** [u men¹á ukráli ...]
mi pasaporte	**паспорт** [páspɔrt]
mi cartera	**бумажник** [bumáʒnik]
mis papeles	**документы** [dɔkuménti]
mi billete	**билет** [bilét]

mi dinero	**деньги** [dén¹gi]
mi bolso	**сумку** [súmku]
mi cámara	**фотоаппарат** [fɔtɔ·aparát]
mi portátil	**ноутбук** [nɔutbúk]
mi tableta	**планшет** [planʃǽt]
mi teléfono	**телефон** [telefón]

¡Ayúdeme!	**Помогите!** [pɔmɔgíte!]
¿Qué pasó?	**Что случилось?** [ʃtó sluʧílɔs¹?]

el incendio	пожар [pɔʒár]
un tiroteo	стрельба [strelʲbá]
el asesinato	убийство [ubíjstvɔ]
una explosión	взрыв [vzrĩf]
una pelea	драка [dráka]

¡Llame a la policía!	Вызовите полицию! [vĩzɔvite polítsiju!]
¡Más rápido, por favor!	Пожалуйста, быстрее! [pɔʒáləsta, bistrée!]
Busco la comisaría.	Я ищу полицейский участок. [já iʃʲú politsǽjskij utʃástɔk.]
Tengo que hacer una llamada.	Мне нужно позвонить. [mné núʒnɔ pɔzvɔnítʲ.]
¿Puedo usar su teléfono?	Могу я позвонить? [mɔgú já pɔzvɔnítʲ?]

Me han …	Меня … [menʲá …]
asaltado /asaltada/	ограбили [ɔgrábili]
robado /robada/	обокрали [ɔbɔkráli]
violada	изнасиловали [iznasílɔvali]
atacado /atacada/	избили [izbíli]

¿Se encuentra bien?	С вами всё в порядке? [s vámi fsø f pɔrʲátke?]
¿Ha visto quien a sido?	Вы видели, кто это был? [vĩ vídeli, któ ǽtɔ bĩl?]
¿Sería capaz de reconocer a la persona?	Вы сможете его узнать? [vĩ smóʒete evó uznátʲ?]
¿Está usted seguro?	Вы точно уверены? [vĩ tótʃnɔ uvérenĩ?]

Por favor, cálmese.	Пожалуйста, успокойтесь. [pɔʒáləsta, uspɔkójtesʲ.]
¡Cálmese!	Спокойнее! [spɔkójnee!]
¡No se preocupe!	Не беспокойтесь. [ne bespɔkójtesʲ.]
Todo irá bien.	Всё будет хорошо. [fsø búdet hɔrɔʃó.]
Todo está bien.	Всё в порядке. [fsø f pɔrʲátke.]

Venga aquí, por favor.

Подойдите, пожалуйста.
[podojdíte, poʒálǝsta.]

Tengo unas preguntas para usted.

У меня к вам несколько вопросов.
[u menʲá k vám néskolʲko voprósof.]

Espere un momento, por favor.

Подождите, пожалуйста.
[podoʒdíte, poʒálǝsta.]

¿Tiene un documento de identidad?

У вас есть документы?
[u vás jéstʲ dokuménti?]

Gracias. Puede irse ahora.

Спасибо. Вы можете идти.
[spasíbo. vī móʒete itʲtí.]

¡Manos detrás de la cabeza!

Руки за голову!
[rúki za gólovu!]

¡Está arrestado!

Вы арестованы!
[vī arestóvanı!]

Problemas de salud

Ayudeme, por favor.	**Помогите, пожалуйста.** [pɔmɔgíte, pɔʒáləsta.]
No me encuentro bien.	**Мне плохо.** [mné plóhɔ.]
Mi marido no se encuentra bien.	**Моему мужу плохо.** [mɔemú múʒu plóhɔ.]
Mi hijo ...	**Моему сыну ...** [mɔemú sīnu ...]
Mi padre ...	**Моему отцу ...** [mɔemú ɔtʦú ...]
Mi mujer no se encuentra bien.	**Моей жене плохо.** [mɔéj ʒené plóhɔ.]
Mi hija ...	**Моей дочери ...** [mɔéj dótʃeri ...]
Mi madre ...	**Моей матери ...** [mɔéj máteri ...]
Me duele ...	**У меня болит ...** [u menʲá bɔlít ...]
la cabeza	**голова** [gɔlɔvá]
la garganta	**горло** [górlɔ]
el estómago	**живот** [ʒivót]
un diente	**зуб** [zúb]
Estoy mareado.	**У меня кружится голова.** [u menʲá krúʒiʦa gɔlɔvá.]
Él tiene fiebre.	**У него температура.** [u nevó temperatúra.]
Ella tiene fiebre.	**У неё температура.** [u nejó temperatúra.]
No puedo respirar.	**Я не могу дышать.** [já ne mɔgú diʃátʲ.]
Me ahogo.	**Я задыхаюсь.** [já zadihájusʲ.]
Tengo asma.	**Я астматик.** [já astmátik.]
Tengo diabetes.	**Я диабетик.** [já diabétik.]

No puedo dormir.

У меня бессонница.
[u menʲá bessónitsa.]

intoxicación alimentaria

пищевое отравление
[piʃʲevóe ɔtravlénie]

Me duele aquí.

Болит вот здесь.
[bɔlít vót zdésʲ.]

¡Ayúdeme!

Помогите!
[pɔmɔgíte!]

¡Estoy aquí!

Я здесь!
[já zdésʲ!]

¡Estamos aquí!

Мы здесь!
[mɨ zdésʲ!]

¡Saquenme de aquí!

Вытащите меня!
[vɨtaʃʲite menʲá!]

Necesito un médico.

Мне нужен врач.
[mné núʒen vráʧ.]

No me puedo mover.

Я не могу двигаться.
[já ne mɔgú dvígatsa.]

No puedo mover mis piernas.

Я не чувствую ног.
[já ne ʧʲústvuju nók.]

Tengo una herida.

Я ранен /ранена/.
[já ránen /ránena/.]

¿Es grave?

Это серьёзно?
[ǽtɔ serjóznɔ?]

Mis documentos están en mi bolsillo.

Мои документы в кармане.
[mɔí dɔkuménti f karmáne.]

¡Cálmese!

Успокойтесь!
[uspɔkójtesʲ!]

¿Puedo usar su teléfono?

Могу я позвонить?
[mɔgú já pɔzvɔnítʲ?]

¡Llame a una ambulancia!

Вызовите скорую!
[vɨzovite skóruju!]

¡Es urgente!

Это срочно!
[ǽtɔ sróʧnɔ!]

¡Es una emergencia!

Это очень срочно!
[ǽtɔ óʧenʲ sróʧnɔ!]

¡Más rápido, por favor!

Пожалуйста, быстрее!
[pɔʒáləsta, bɨstrée!]

¿Puede llamar a un médico, por favor?

Вызовите врача, пожалуйста.
[vɨzovite vraʧá, pɔʒáləsta.]

¿Dónde está el hospital?

Скажите, где больница?
[skaʒíte, gdé bɔlʲnítsa?]

¿Cómo se siente?

Как вы себя чувствуете?
[kák vɨ sebʲá ʧʲústvuete?]

¿Se encuentra bien?

С вами всё в порядке?
[s vámi fsǿ f porʲátke?]

¿Qué pasó?

Что случилось?
[ʃtó sluʧílɔsʲ?]

Me encuentro mejor.	**Мне уже лучше.** [mné uʒǽ lútʃʃe.]
Está bien.	**Всё в порядке.** [fsǿ f porʲátke.]
Todo está bien.	**Всё хорошо.** [fsǿ horoʃó.]

En la farmacia

la farmacia	**Аптека** [aptéka]
la farmacia 24 horas	**круглосуточная аптека** [kruglɔsútɔʧnaja aptéka]
¿Dónde está la farmacia más cercana?	**Где ближайшая аптека?** [gdé bliʒájʃaja aptéka?]
¿Está abierta ahora?	**Она сейчас открыта?** [ɔná sejʧás ɔtkrĭta?]
¿A qué hora abre?	**Во сколько она открывается?** [vɔ skólʲkɔ ɔná ɔtkriváetsa?]
¿A qué hora cierra?	**До которого часа она работает?** [dɔ kɔtórɔvɔ ʧása ɔná rabótaet?]
¿Está lejos?	**Это далеко?** [ǽtɔ dalekó?]
¿Puedo llegar a pie?	**Я дойду туда пешком?** [já dɔjdú tudá peʃkóm]
¿Puede mostrarme en el mapa?	**Покажите мне на карте, пожалуйста.** [pɔkaʒĭte mne na kárte, pɔʒáləsta.]
Por favor, deme algo para …	**Дайте мне, что-нибудь от …** [dájte mné, ʃtó-nibutʲ ɔt …]
un dolor de cabeza	**головной боли** [gɔlɔvnój bóli]
la tos	**кашля** [káʃlʲa]
el resfriado	**простуды** [prɔstúdi]
la gripe	**гриппа** [grípa]
la fiebre	**температуры** [temperatúri]
un dolor de estomago	**боли в желудке** [bóli v ʒelútke]
nauseas	**тошноты** [tɔʃnɔtĭ]
la diarrea	**диареи** [diaréi]
el estreñimiento	**запора** [zapóra]
un dolor de espalda	**боль в спине** [bólʲ f spiné]

un dolor de pecho	боль в груди
	[bólʲ v grudí]
el flato	боль в боку
	[bólʲ v bɔkú]
un dolor abdominal	боль в животе
	[bólʲ v ʒɨvɔté]

la píldora	таблетка
	[tablétka]
la crema	мазь, крем
	[másʲ, krém]
el jarabe	сироп
	[siróp]
el spray	спрей
	[spréj]
las gotas	капли
	[kápli]

Tiene que ir al hospital.	Вам нужно в больницу.
	[vam núʒnɔ v bɔlʲnítsu.]
el seguro de salud	страховка
	[strahófka]
la receta	рецепт
	[retsǽpt]
el repelente de insectos	средство от насекомых
	[srétstvɔ ɔt nasekómih]
la curita	лейкопластырь
	[lejkɔplástirʲ]

Lo más imprescindible

Perdone, ...	**Извините, ...** [izviníte, ...]
Hola.	**Здравствуйте.** [zdrástvujte.]
Gracias.	**Спасибо.** [spasíbɔ.]

Sí.	**Да.** [dá.]
No.	**Нет.** [nét.]
No lo sé.	**Я не знаю.** [já ne znáju.]
¿Dónde? | ¿A dónde? | ¿Cuándo?	**Где? | Куда? | Когда?** [gdé? | kudá? | kɔgdá?]

Necesito ...	**Мне нужен ...** [mné núʒen ...]
Quiero ...	**Я хочу ...** [já hɔʧú ...]
¿Tiene ...?	**У вас есть ...?** [u vás jéstʲ ...?]
¿Hay ... por aquí?	**Здесь есть ...?** [zdésʲ éstʲ ...?]
¿Puedo ...?	**Я могу ...?** [já mɔgú ...?]
..., por favor? (petición educada)	**пожалуйста** [pɔʒáləsta]

Busco ...	**Я ищу ...** [já iʃʲú ...]
el servicio	**туалет** [tualét]
un cajero automático	**банкомат** [bankɔmát]
una farmacia	**аптеку** [aptéku]
el hospital	**больницу** [bɔlʲnítsu]

la comisaría	**полицейский участок** [pɔlitsæjskij uʧástɔk]
el metro	**метро** [metró]

un taxi	такси [taksí]
la estación de tren	вокзал [vɔkzál]

Me llamo …	Меня зовут … [menʲá zɔvút …]
¿Cómo se llama?	Как вас зовут? [kák vás zɔvút?]
¿Puede ayudarme, por favor?	Помогите мне, пожалуйста. [pɔmɔgíte mné, pɔʒáləsta.]
Tengo un problema.	У меня проблема. [u menʲá prɔbléma.]
Me encuentro mal.	Мне плохо. [mné plóhɔ.]
¡Llame a una ambulancia!	Вызовите скорую! [vɨ̄zɔvite skóruju!]
¿Puedo llamar, por favor?	Могу я позвонить? [mɔgú já pɔzvɔnítʲ?]

Lo siento.	Извините. [izviníte.]
De nada.	Пожалуйста. [pɔʒáləsta.]

Yo	я [já]
tú	ты [tɨ̄]
él	он [ón]
ella	она [ɔná]
ellos	они [ɔní]
ellas	они [ɔní]
nosotros /nosotras/	мы [mɨ̄]
ustedes, vosotros	вы [vɨ̄]
usted	Вы [vɨ̄]

ENTRADA	ВХОД [fhód]
SALIDA	ВЫХОД [vɨ̄hod]
FUERA DE SERVICIO	НЕ РАБОТАЕТ [ne rabótaet]
CERRADO	ЗАКРЫТО [zakrɨ̄tɔ]

ABIERTO

ОТКРЫТО
[ɔtkrɨ̃tɔ]

PARA SEÑORAS

ДЛЯ ЖЕНЩИН
[dlʲa ʒǽnʃin]

PARA CABALLEROS

ДЛЯ МУЖЧИН
[dlʲa muʃín]

T&P BOOKS

MINI DICCIONARIO

Esta sección contiene 250
palabras útiles necesarias
para la comunicación diaria.
Encontrará ahí los nombres
de los meses y de los días
de la semana.
El diccionario también
contiene temas relevantes
tales como colores, medidas,
familia, y más

T&P Books Publishing

CONTENIDO DEL DICCIONARIO

T&P Books Publishing

tiempo (m)	время (c)	[vrémⁱa]
hora (f)	час (м)	[tʃás]
media hora (f)	полчаса (мн)	[pɔltʃasá]
minuto (m)	минута (ж)	[minúta]
segundo (m)	секунда (ж)	[sekúnda]
hoy (adv)	сегодня	[sevódnⁱa]
mañana (adv)	завтра	[záftra]
ayer (adv)	вчера	[ftʃerá]
lunes (m)	понедельник (м)	[pɔnedélⁱnik]
martes (m)	вторник (м)	[ftórnik]
miércoles (m)	среда (ж)	[sredá]
jueves (m)	четверг (м)	[tʃetvérg]
viernes (m)	пятница (ж)	[pⁱátnitsa]
sábado (m)	суббота (ж)	[subóta]
domingo (m)	воскресенье (c)	[vɔskresénje]
día (m)	день (м)	[dénⁱ]
día (m) de trabajo	рабочий день (м)	[rabótʃij dénⁱ]
día (m) de fiesta	празник (м)	[práznik]
fin (m) de semana	выходные (мн)	[vihɔdnⁱie]
semana (f)	неделя (ж)	[nedélⁱa]
semana (f) pasada	на прошлой неделе	[na próʃlɔj nedéle]
semana (f) que viene	на следующей неделе	[na sléduʃej nedéle]
por la mañana	утром	[útrɔm]
por la tarde	после обеда	[pósle ɔbéda]
por la noche	вечером	[vétʃerɔm]
esta noche (p.ej. 8:00 p.m.)	сегодня вечером	[sevódnⁱa vétʃerɔm]
por la noche	ночью	[nótʃju]
medianoche (f)	полночь (ж)	[pólnɔtʃⁱ]
enero (m)	январь (м)	[jɪnvárⁱ]
febrero (m)	февраль (м)	[fevrálⁱ]
marzo (m)	март (м)	[márt]
abril (m)	апрель (м)	[aprélⁱ]
mayo (m)	май (м)	[máj]
junio (m)	июнь (м)	[ijúnⁱ]
julio (m)	июль (м)	[ijúlⁱ]
agosto (m)	август (м)	[ávgust]

septiembre (m)	сентябрь (м)	[sentʲábrʲ]
octubre (m)	октябрь (м)	[ɔktʲábrʲ]
noviembre (m)	ноябрь (м)	[nɔjábrʲ]
diciembre (m)	декабрь (м)	[dekábrʲ]

en primavera	весной	[vesnój]
en verano	летом	[létɔm]
en otoño	осенью	[ósenju]
en invierno	зимой	[zimój]

mes (m)	месяц (м)	[mésɪts]
estación (f)	сезон (м)	[sezón]
año (m)	год (м)	[gód]

2. Números. Los numerales

cero	ноль	[nólʲ]
uno	один	[ɔdín]
dos	два	[dvá]
tres	три	[trí]
cuatro	четыре	[ʧetĭre]

cinco	пять	[pʲátʲ]
seis	шесть	[ʃǽstʲ]
siete	семь	[sémʲ]
ocho	восемь	[vósemʲ]
nueve	девять	[dévɪtʲ]
diez	десять	[désɪtʲ]

once	одиннадцать	[ɔdínatsatʲ]
doce	двенадцать	[dvenátsatʲ]
trece	тринадцать	[trinátsatʲ]
catorce	четырнадцать	[ʧetĭrnatsatʲ]
quince	пятнадцать	[pitnátsatʲ]

dieciséis	шестнадцать	[ʃɛsnátsatʲ]
diecisiete	семнадцать	[semnátsatʲ]
dieciocho	восемнадцать	[vɔsemnátsatʲ]
diecinueve	девятнадцать	[devitnátsatʲ]

veinte	двадцать	[dvátsatʲ]
treinta	тридцать	[trítsatʲ]
cuarenta	сорок	[sórɔk]
cincuenta	пятьдесят	[pɪtʲdesʲát]

sesenta	шестьдесят	[ʃɛstʲdesʲát]
setenta	семьдесят	[sémʲdesɪt]
ochenta	восемьдесят	[vósemʲdesɪt]
noventa	девяносто	[devɪnóstɔ]
cien	сто	[stó]

doscientos	двести	[dvésti]
trescientos	триста	[trísta]
cuatrocientos	четыреста	[tʃetíresta]
quinientos	пятьсот	[pɪtʲsót]

seiscientos	шестьсот	[ʃɛstʲsót]
setecientos	семьсот	[semʲsót]
ochocientos	восемьсот	[vɔsemʲsót]
novecientos	девятьсот	[devɪtʲsót]
mil	тысяча	[tĩsɪtʃa]

| diez mil | десять тысяч | [désɪtʲ tĩsʲatʃ] |
| cien mil | сто тысяч | [stó tĩsɪtʃ] |

| millón (m) | миллион (м) | [milión] |
| mil millones | миллиард (м) | [miliárd] |

3. El ser humano. Los familiares

hombre (m) (varón)	мужчина (м)	[muʃína]
joven (m)	юноша (м)	[júnɔʃa]
mujer (f)	женщина (ж)	[ʒǽnʃina]
muchacha (f)	девушка (ж)	[dévuʃka]
anciano (m)	старик (м)	[starík]
anciana (f)	старая женщина (ж)	[stáraja ʒǽnʃina]

madre (f)	мать (ж)	[mátʲ]
padre (m)	отец (м)	[ɔtéts]
hijo (m)	сын (м)	[sĩn]
hija (f)	дочь (ж)	[dótʲʃ]
hermano (m)	брат (м)	[brát]
hermana (f)	сестра (ж)	[sestrá]

padres (pl)	родители (мн)	[rɔdíteli]
niño -a (m, f)	ребёнок (м)	[rebǿnɔk]
niños (pl)	дети (мн)	[déti]
madrastra (f)	мачеха (ж)	[mátʃeha]
padrastro (m)	отчим (м)	[óttʃim]

abuela (f)	бабушка (ж)	[bábuʃka]
abuelo (m)	дедушка (м)	[déduʃka]
nieto (m)	внук (м)	[vnúk]
nieta (f)	внучка (ж)	[vnútʃka]
nietos (pl)	внуки (мн)	[vnúki]

tío (m)	дядя (м)	[dʲádʲa]
tía (f)	тётя (ж)	[tǿtʲa]
sobrino (m)	племянник (м)	[plemʲánik]
sobrina (f)	племянница (ж)	[plemʲánitsa]
mujer (f)	жена (ж)	[ʒená]

marido (m)	муж (м)	[múʃ]
casado (adj)	женатый	[ʒenátij]
casada (adj)	замужняя	[zamúʒnʲaja]
viuda (f)	вдова (ж)	[vdɔvá]
viudo (m)	вдовец (м)	[vdɔvéʦ]
nombre (m)	имя (с)	[ímʲa]
apellido (m)	фамилия (ж)	[famílija]
pariente (m)	родственник (м)	[rótstvenik]
amigo (m)	друг (м)	[drúg]
amistad (f)	дружба (ж)	[drúʒba]
compañero (m)	партнёр (м)	[partnǿr]
superior (m)	начальник (м)	[naʧálʲnik]
colega (m, f)	коллега (м)	[kɔléga]
vecinos (pl)	соседи (мн)	[sɔsédi]

4. El cuerpo. La anatomía humana

cuerpo (m)	тело (с)	[télɔ]
corazón (m)	сердце (с)	[sérʦe]
sangre (f)	кровь (ж)	[krófʲ]
cerebro (m)	мозг (м)	[mósg]
hueso (m)	кость (ж)	[kóstʲ]
columna (f) vertebral	позвоночник (м)	[pɔzvɔnóʧnik]
costilla (f)	ребро (с)	[rebró]
pulmones (m pl)	лёгкие (мн)	[lǿhkie]
piel (f)	кожа (ж)	[kóʒa]
cabeza (f)	голова (ж)	[gɔlɔvá]
cara (f)	лицо (с)	[liʦó]
nariz (f)	нос (м)	[nós]
frente (f)	лоб (м)	[lób]
mejilla (f)	щека (ж)	[ʃʲeká]
boca (f)	рот (м)	[rót]
lengua (f)	язык (м)	[jɪzīk]
diente (m)	зуб (м)	[zúb]
labios (m pl)	губы (мн)	[gúbi]
mentón (m)	подбородок (м)	[pɔdbɔródɔk]
oreja (f)	ухо (с)	[úhɔ]
cuello (m)	шея (ж)	[ʃǽja]
ojo (m)	глаз (м)	[glás]
pupila (f)	зрачок (м)	[zraʧók]
ceja (f)	бровь (ж)	[brófʲ]
pestaña (f)	ресница (ж)	[resníʦa]
pelo, cabello (m)	волосы (мн)	[vólɔsi]

peinado (m)	причёска (ж)	[pritʃóska]
bigote (m)	усы (м мн)	[usī]
barba (f)	борода (ж)	[bɔrɔdá]
tener (~ la barba)	носить (нсв, пх)	[nɔsítʲ]
calvo (adj)	лысый	[līsij]

mano (f)	кисть (ж)	[kístʲ]
brazo (m)	рука (ж)	[ruká]
dedo (m)	палец (м)	[pálets]
uña (f)	ноготь (м)	[nógɔtʲ]
palma (f)	ладонь (ж)	[ladónʲ]

hombro (m)	плечо (с)	[pletʃó]
pierna (f)	нога (ж)	[nɔgá]
rodilla (f)	колено (с)	[kɔlénɔ]
talón (m)	пятка (ж)	[pʲátka]
espalda (f)	спина (ж)	[spiná]

5. La ropa. Accesorios personales

ropa (f)	одежда (ж)	[ɔdéʒda]
abrigo (m)	пальто (с)	[palʲtó]
abrigo (m) de piel	шуба (ж)	[ʃúba]
cazadora (f)	куртка (ж)	[kúrtka]
impermeable (m)	плащ (м)	[pláʃʲ]

camisa (f)	рубашка (ж)	[rubáʃka]
pantalones (m pl)	брюки (мн)	[brʲúki]
chaqueta (f), saco (m)	пиджак (м)	[pidʒák]
traje (m)	костюм (м)	[kɔstʲúm]

vestido (m)	платье (с)	[plátje]
falda (f)	юбка (ж)	[júpka]
camiseta (f) (T-shirt)	футболка (ж)	[futbólka]
bata (f) de baño	халат (м)	[halát]
pijama (m)	пижама (ж)	[piʒáma]
ropa (f) de trabajo	рабочая одежда (ж)	[rabótʃaja ɔdéʒda]

ropa (f) interior	бельё (с)	[beljǿ]
calcetines (m pl)	носки (мн)	[nɔskí]
sostén (m)	бюстгальтер (м)	[bʲusgálʲter]
pantimedias (f pl)	колготки (мн)	[kɔlgótki]
medias (f pl)	чулки (мн)	[tʃulkí]
traje (m) de baño	купальник (м)	[kupálʲnik]

gorro (m)	шапка (ж)	[ʃápka]
calzado (m)	обувь (ж)	[óbufʲ]
botas (f pl) altas	сапоги (мн)	[sapɔgí]
tacón (m)	каблук (м)	[kablúk]
cordón (m)	шнурок (м)	[ʃnurók]

betún (m)	крем (м) для обуви	[krém dlʲa óbuvi]
guantes (m pl)	перчатки (ж мн)	[perʧátki]
manoplas (f pl)	варежки (ж мн)	[váreʃki]
bufanda (f)	шарф (м)	[ʃárf]
gafas (f pl)	очки (мн)	[ɔʧkí]
paraguas (m)	зонт (м)	[zónt]

corbata (f)	галстук (м)	[gálstuk]
moquero (m)	носовой платок (м)	[nɔsɔvój platók]
peine (m)	расчёска (ж)	[raʃǿska]
cepillo (m) de pelo	щётка (ж) для волос	[ʃǿtka dlʲa vɔlós]

hebilla (f)	пряжка (ж)	[prʲáʃka]
cinturón (m)	пояс (м)	[pójas]
bolso (m)	сумочка (ж)	[súmɔʧka]

6. La casa. El apartamento

apartamento (m)	квартира (ж)	[kvartíra]
habitación (f)	комната (ж)	[kómnata]
dormitorio (m)	спальня (ж)	[spálʲnʲa]
comedor (m)	столовая (ж)	[stɔlóvaja]

salón (m)	гостиная (ж)	[gɔstínaja]
despacho (m)	кабинет (м)	[kabinét]
antecámara (f)	прихожая (ж)	[prihóʒaja]
cuarto (m) de baño	ванная комната (ж)	[vánnaja kómnata]
servicio (m)	туалет (м)	[tualét]

aspirador (m), aspiradora (f)	пылесос (м)	[piɫesós]
fregona (f)	швабра (ж)	[ʃvábra]
trapo (m)	тряпка (ж)	[trʲápka]
escoba (f)	веник (м)	[vénik]
cogedor (m)	совок (м) для мусора	[sɔvók dlʲa músɔra]

muebles (m pl)	мебель (ж)	[mébelʲ]
mesa (f)	стол (м)	[stól]
silla (f)	стул (м)	[stúl]
sillón (m)	кресло (с)	[kréslɔ]

espejo (m)	зеркало (с)	[zérkalɔ]
tapiz (m)	ковёр (м)	[kɔvǿr]
chimenea (f)	камин (м)	[kamín]
cortinas (f pl)	шторы (ж мн)	[ʃtóri]
lámpara (f) de mesa	настольная лампа (ж)	[nastólʲnaja lámpa]
lámpara (f) de araña	люстра (ж)	[lʲústra]

cocina (f)	кухня (ж)	[kúhnʲa]
cocina (f) de gas	газовая плита (ж)	[gázɔvaja plitá]
cocina (f) eléctrica	электроплита (ж)	[ɛléktrɔ·plitá]

horno (m) microondas	микроволновая печь (ж)	[mikrɔ·vɔlnóvaja pétʃʲ]
frigorífico (m)	холодильник (м)	[hɔlɔdílʲnik]
congelador (m)	морозильник (м)	[mɔrɔzílʲnik]
lavavajillas (m)	посудомоечная машина (ж)	[pɔsúdɔ·móetʃnaja maʃina]
grifo (m)	кран (м)	[krán]

picadora (f) de carne	мясорубка (ж)	[mɪsɔrúpka]
exprimidor (m)	соковыжималка (ж)	[sɔkɔ·viʒimálka]
tostador (m)	тостер (м)	[tóstɛr]
batidora (f)	миксер (м)	[míkser]

cafetera (f) (aparato de cocina)	кофеварка (ж)	[kɔfevárka]
hervidor (m) de agua	чайник (м)	[tʃájnik]
tetera (f)	чайник (м)	[tʃájnik]

televisor (m)	телевизор (м)	[televízɔr]
vídeo (m)	видеомагнитофон (м)	[vídeɔ·magnitɔfón]
plancha (f)	утюг (м)	[utʲúg]
teléfono (m)	телефон (м)	[telefón]

www.ingramcontent.com/pod-product-compliance
Lightning Source LLC
Chambersburg PA
CBHW070841050426
42452CB00011B/2366